LES SECRETS D'UNE
CLASSE PRÉPA
RÉUSSIE

HASSINA KETRANE

COPYRIGHT ©2020 BY HASSINA KETRANE

EDITEUR :

HASSINA KETRANE

ISBN : 9798653795510

DEPOT LEGAL : JUILLET 2020

IMPRIME A LA DEMANDE PAR AMAZON

*A tous ceux qui,
contre vents et marées,
s'accrochent à leurs rêves.*

SOMMAIRE

INTRODUCTION...............7
1 Hygiène de vie en classe prépa............ 9
   1. 1. Dormir..............10
   1. 2. Faire du sport............... 11
   1.3. Être organisé dans son rangement............12
2 Méthodologie de travail.................... 15
   2.1. Rentabiliser sa présence en classe..............15
   2.2. Routine de travail........................17
   2.3. Méthodologie de travail..................18
   2.4. L'apprentissage par cœur....................21
   2.5. Travailler par couches successives............ 24
   2.6. Apprendre à réfléchir................ 27
   2.7. Le cahier des faiblesses...............30
   2.8. Des fiches de synthèse efficaces............... 33
   2.9. Le « Mind Mapping ».....................37
3 Mode de travail...................... 40
   3.1. Le travail seul.............................40
   3.2. Le travail en groupe.....................41
   3.3. Finalement, que choisir ?............... 43

4 La réussite, un état d'esprit 44
4.1. La procrastination 44
4.2. Le pragmatisme 50
4.3. Ta priorité 51
4.4. La confiance en soi 52
5 Booster sa concentration 56
5.1. Préparer sa session de travail 56
5.2. S'isoler de toutes sources de distraction 57
5.3. La méthode POMODORO 58
6 Evaluation 60
6.1. Les khôlles 60
6.2. Planning de révision 61
6.3. Pendant l'évaluation 65
6.4. Gérer son stress 69
CONCLUSION 71

INTRODUCTION

Au moment où j'écris ces lignes, je suis professeure de mathématiques en CPGE (Classe Préparatoire Aux Grandes Ecoles). Ce statut est très récent. J'ai passé le concours de l'agrégation de mathématiques quatre ans plus tôt. Les difficultés que j'ai pu endurer sont encore fraîches dans mon esprit et je voudrais aujourd'hui partager dans ce guide les précieux conseils que je me suis appliqués à moi-même et qui m'ont permis de passer de 01/20 à ma première copie d'écrit blanc à première au classement général du concours national. La concurrence était pourtant redoutable et j'avais mes faiblesses. Ce qui a fait la différence est que j'étais certainement l'une des concurrentes les plus déterminées et surtout les plus organisées (militairement organisée !). Je reste convaincue qu'avec de l'autodiscipline, de la détermination, du travail et quelques bons conseils, que tu trouveras ici, chacun est capable de réussir ses années prépa pour atteindre ses propres objectifs.

Pourtant chaque année, en tant que professeur de classe CPGE, je vois des étudiants sombrer dans l'échec non pas parce qu'ils n'ont les capacités pour réussir mais parce qu'ils n'ont pas appris à travailler. La motivation des premières semaines s'évanouit progressivement à réception des premières notes car le doute de soi l'emporte sur l'espoir d'y arriver. Si seulement ils avaient su que le point de départ a bien peu d'importance. Ce qui compte réellement c'est le potentiel d'évolution. Et la seule note qui compte est celle du concours. Les autres ne sont que des points de repères qui jalonnent ton parcours et qui te permettent de rectifier le tir. L'échec est d'ailleurs le fondement même de la réussite. Alors le tout premier conseil que je te donne avant même la lecture des prochaines pages est d'apprendre à te détacher des notes. Le second est de lire avec beaucoup d'attention ce guide car il pourra changer le cours de tes années prépa. Je te suggère aussi fortement de prendre des notes ou de surligner les idées principales. Tu auras certainement achevé sa lecture en quelques heures. Reviens-y aussi souvent que nécessaire.

1. HYGIENE DE VIE EN CLASSE PREPA

> **"**
> *Le corps gagne à dormir et l'esprit à veiller*

Les années prépa seront certainement les plus éprouvantes de ta vie d'étudiant. C'est pourquoi, tu dois avant tout te mettre en condition pour tenir moralement et physiquement jusqu'au bout mais aussi pour être le plus optimal possible dans ton organisation et ton travail.

1.1. Dormir

Un sommeil suffisant et de qualité est l'un des fondements de ta réussite. Ne cherche pas à gagner du temps de travail en empiétant sur ton temps de sommeil. Cela serait une grave erreur de ta part. La fatigue ruine littéralement la capacité de concentration, alors que c'est celle-là même qui te permet de fournir un travail efficace. Connais-tu le principe de Pareto, ou encore principe des 80-20 ? C'est une loi établie par l'économiste et sociologue Vilfredo Pareto à la fin du 19e siècle qui s'applique à un grand nombre de domaine à commencer par l'efficacité du travail et qui traduit que 80% des résultats sont obtenus par seulement 20% du travail.

Ton temps de sommeil n'est donc pas négociable car c'est lui qui te rendra plus efficace dans ton travail. Si tu ne peux pas rallonger tes journées, tu peux tout du moins les rendre optimales. Personnellement, je ne rate jamais l'occasion de faire une sieste de 30 minutes quand il m'est possible de la faire car ma capacité et ma qualité de travail deviennent redoutables. Il en sera de même pour toi.

1. 2. Faire du sport

> **"**
> *Qu'est ce qui conditionne la réussite ?*
> *- La capacité à soutenir un effort continu.*

Je le répète à nouveau, tes années prépa ne seront pas de tout repos. Tu dois apprendre à ménager ton moral pour pouvoir tenir dans la durée. Mon collègue de sciences physiques a toujours eu pour habitude de dire que la prépa n'est pas un sprint mais une course de fond. Combien d'étudiants ont démarré surmotivés pour finir surmenés aux vacances de décembre ? Beaucoup trop à mon sens. Et c'est couru d'avance si tu gères ton énergie pour un marathon de la même façon que pour un sprint.

En conséquence, tu dois dès le début aménager des temps libres pour toi, quand bien même une petite voix tentera de te faire culpabiliser. Alors oui, tu dois travailler BEAUCOUP mais cela ne signifie pas que tu dois travailler TOUT LE TEMPS. Tu dois au contraire absolument te défouler régulièrement. C'est une nécessité ! Rien de mieux que le sport pour cela bien sûr, mais si ce n'est pas ton dada, une balade en solitaire te fera aussi le plus grand bien.

1.3. ÊTRE ORGANISE DANS SON RANGEMENT

Je te parle beaucoup d'efficacité depuis le début et pour cause, combien d'étudiants travaillent énormément en terme de quantité mais n'évoluent pas pour autant à vitesse suffisante ? L'efficacité de ton travail est donc un facteur qui prime sur la quantité. Cela commence par un rangement de ton environnement de travail. Le chaos de la pièce entraîne le chaos de l'esprit. Alors on garde l'esprit clair avec un espace ordonné et plus particulièrement un bureau bien dégagé. Dois-je également préciser de prévoir un éclairage adapté, une assise confortable pour t'accueillir pendant ces longues heures de travail et un espace au calme. Il est parfois difficile de réunir toutes ces conditions, notamment s'il l'on doit partager sa chambre avec un petit frère ou une petite sœur. Il faudra alors penser aux différents espaces publics de travail comme les bibliothèques. Choisis toujours un endroit proche de chez toi pour éviter toute perte de temps dans les déplacements.

Bien entendu, pour toujours plus de productivité, on organise aussi méthodiquement ses cours. J'ai vu des étudiants perdre parfois 15 minutes avant de mettre la main sur une feuille de TD ou de cours. Comment parler de productivité dans ces conditions ?

2. Méthodologie de travail

> *La raison d'être d'une organisation est de permettre à des gens ordinaires de faire des choses extraordinaires.*

2.1. Rentabiliser sa présence en classe

L'un des meilleurs conseils (mais pas le seul) que je puisse te donner est de rentabiliser ta présence en cours. Tu dois la rentabiliser avec un maximum d'attention et une attitude ultra active en étant dans une démarche permanente de compréhension. Tu auras ainsi accompli 80% des tâches de ton travail journalier par ta seule présence en classe. Lorsque tu es absent ne serait-ce qu'une seule journée, vois la quantité de travail que cela demande pour rattraper ton retard. Souvent je demande à mes étudiants trop passifs quelles sont leurs chances de comprendre seuls une notion chez eux s'ils n'ont pas réussi à le faire avec les explications du professeur.

Tu l'auras compris, l'objectif est de sortir d'un cours en l'ayant compris, au moins dans sa structure générale, dans ses grandes lignes. Et pour cela, il faut aussi que tu oses ... que tu oses poser des questions. Quand bien même tu pourrais avoir le sentiment que ta question est stupide, tu dois oser le faire. Tu te rendras service mais tu rendras aussi service à d'autres de tes camarades. Plus tu évolueras dans tes notes et plus tu te sentiras légitime de le faire mais il faut d'abord lancer le processus de réussite. C'est aussi une histoire de confiance en soi. On en parlera plus tard.

2.2. Routine de travail

Le soir, arrivé à la maison et après un petit moment de répit : ton premier objectif est de reprendre le cours du jour tant qu'il est encore frais dans ta tête pour comprendre le suivant (attention aux décalages). Tu dois noter les éventuelles questions à poser à ton professeur pour le cours d'après. Il ne s'agit pas juste de lire son cours comme on lit un roman tranquillement allongé sur son lit ! Tu dois le lire activement et j'entends par là crayon à la main, prêt à le dégainer pour réécrire sans regarder les théorèmes et propositions et pour refaire les exercices.

Dans ta routine de travail, tu dois aussi intégrer le week-end (ou les vacances scolaires quand tu accuses un peu de retard dans ton travail) la reprise de toutes les évaluations qui t'ont été rendues. Tu dois apprendre à utiliser tes erreurs pour repérer tes lacunes et les corriger. Une erreur traduit souvent une confusion entre deux résultats qui se ressemblent un peu ou un problème dans ton raisonnement. Une erreur est donc avant tout l'occasion de mettre le doigt sur les points non assimilés. Ce travail peut te paraître long et fastidieux mais il est ô combien nécessaire. A défaut, tu referas éternellement les mêmes erreurs. C'est donc un point essentiel pour optimiser ton processus d'évolution.

2.3. METHODOLOGIE DE TRAVAIL

Je te transmets ma méthode, qui n'a rien d'universelle, mais qui a bien fonctionné pour moi et pour certains de mes étudiants. Alors pourquoi pas pour toi ? D'abord je lis le cours dans ses grandes lignes, je comprends sa structure générale, les théorèmes, sans m'attarder sur les hypothèses. Je me concentre uniquement sur leurs utilités. Je passe ensuite à une série d'exercices, en m'aidant de la correction si je n'y arrive pas. Et oui, je le sais bien, certains prônent de ne jamais, au grand jamais, aller voir la correction d'un exercice. Pour ma part, je trouve cette phase (passagère) nécessaire pour mieux s'imprégner des notions et comprendre quelles sont les principales notions à savoir manipuler. Puis je reviens à mon cours que je vois déjà avec plus de recul. Je me penche maintenant sur les tenants et les aboutissants de chaque notion. Je me pose des questions sur l'intérêt de chaque hypothèse des théorèmes.

Je prends un exemple simple pour t'en expliquer le concept : l'intégration par parties.

> **Théorème :** *Soient u et v deux fonctions de classe C^1 sur $[a,b]$ alors on a : $\int_a^b u(t)v'(t)dt = [u(t)v(t)]_a^b - \int_a^b u'(t)v(t)dt$*

On peut alors légitimement se demander quelle est l'utilité d'avoir des fonctions de classe C^1 dans ce théorème ? T'es-tu jamais posé la question ?

Considérons un second exemple :

> **Théorème :** *Soit f une fonction continue et positive sur $[a,b]$.*
>
> *Si $\int_a^b f(t)dt = 0$ alors f est la fonction nulle.*

Quelle est donc l'utilité de l'hypothèse portant sur la continuité de l'intégrante ? Pourquoi le résultat n'est plus valable si je retire cette hypothèse ? Est-ce que je peux trouver un contre-exemple (même graphique) pour m'en convaincre ?

A l'étape suivante, je me dirige vers les exercices d'approfondissement mais je suis maintenant équipée pour réfléchir sans regarder la solution. Je suis également capable de prioriser les notions essentielles à savoir. Je peux désormais faire une fiche de synthèse pertinente (cf partie fiche de synthèse).

Je te transmets aussi la méthode dite du *"feedback"* pour contrôler ton savoir, qui est aussi simple qu'efficace :

• Après avoir appris ton cours, tu ranges tes cahiers, fiches etc... et tu essaies de restituer ce que tu as retenu sur une feuille blanche. Tu suis l'ordre d'apprentissage : le plan, les éléments à connaître par cœur, les explications, les exemples ... Au début tu oublieras des éléments : tu vérifies alors sur ton cours, puis tu recommences l'exercice de *feedback* jusqu'à être capable de le reconstituer.

• Tu peux aussi opter pour le *"feedback oral"*. C'est ma méthode préférée pour perdre un minimum de temps. L'avantage de cette méthode est qu'elle t'empêche d'être passif dans tes révisions. Encore une fois, il ne suffit pas de relire ton cours ou de le recopier pour le savoir, mais être capable de le reconstituer seul.

- De la même façon, appliques la méthode du *feedback* aux exercices. Tu dois savoir refaire sans erreur chaque exercice abordé. Inutile de faire des tonnes d'exercices : mieux vaut en faire peu mais bien, et les maitriser parfaitement (c'est-à-dire savoir retrouver seul(e) la solution), que de se rassurer en enchainant les exercices dont tu te contentes de lire la correction. Préfère donc la qualité à la quantité.

2.4. L'APPRENTISSAGE PAR CŒUR

> *Apprendre sans réfléchir est vain. Réfléchir sans apprendre est dangereux.*
> Confucius

Pourquoi apprendre « par cœur » une démonstration ou un exercice ? Cette étape essentielle d'apprentissage par cœur te permettra d'intégrer des idées plus ou moins classiques de raisonnement. Tu te constitueras ainsi au fil du temps une base de données qui t'aidera à mieux réfléchir face à une situation nouvelle. Par exemple, tu n'aurais pas idée d'aller monter un meuble avec un couteau de cuisine. Tu as besoin pour t'attaquer à cette tâche d'outils adaptés. Plus la tâche est complexe et plus tu vas devoir t'équiper convenablement. Pour attaquer des problèmes de concours, tu vas de la même façon avoir besoin de t'outiller sérieusement. Et pour cela tu dois faire de l'apprentissage par cœur (avec compréhension !) pour élargir ton bagage et mettre en place une boite à idées. Prenons un exemple basique : disons que nous souhaitons intégrer la fonction $\frac{x^2}{x^2+1}$. Celui qui aura déjà rencontré dans son parcours la technique du jeu d'écriture trouvera cet exercice absolument trivial. Pourtant chaque année, lorsque je pose cette question à un public qui n'a pas encore acquis cette culture mathématique, les étudiants trouvent une véritable difficulté à cet énoncé et peu d'entre eux sont capables d'en trouver la solution. En tant que professeur de mathématiques, l'un de mes principaux objectifs est d'amener les étudiants à se poser les bonnes questions pour comprendre d'où peut nous venir telle ou telle idée de résolution. Parfois la seule explication reste de pouvoir

Les secrets d'une classe prépa réussie

puiser cette idée dans notre bagage mathématique.

Bien sûr, il ne s'agit pas d'apprendre sans comprendre. D'ailleurs, que peut bien vouloir signifier apprendre par cœur des maths ?

D'abord il y a les définitions ou les formules qu'il faut retenir comme on retiendrait par exemple un nouveau mot dans une langue étrangère. Il y a pour cela plusieurs techniques à mettre en place. Je n'ai personnellement jamais été une adepte de l'apprentissage par association car cela me demande un investissement de temps trop important et je manque cruellement d'imagination. Parfois un simple moyen mnémotechnique peut convenir. Chaque année, pour faire apprendre les formules suivantes :

*cos(a+b)=**cos**(a)**cos**(b)-**sin**(a)**sin**(b)*

*sin(a+b)=**sin**(a)**cos**(b)+**sin**(b)**cos**(a)*

Je demande à mes étudiants de retenir, pour la première formule, « coco/sisi » avec le **co**sinus qui est **co**ntrariant et qui va donc transformer le signe «+» en signe «-».

Pour la seconde, on retient « sico/sico » avec le **si**nus qui est **sym**pathique et qui laisse le « + » en « + ».

A toi de trouver des moyens rapides pour retenir ce qui parfois ne peut pas se comprendre (comme par exemple une définition).

Qu'en est-il du reste ? Je veux dire pour l'apprentissage des démonstrations.

Il s'agit en réalité de retenir uniquement des idées clés qui te permettront de reconstruire par toi-même le raisonnement. Prenons par exemple la démonstration de la propriété que l'on aborde au lycée « Une fonction f est croissante sur un intervalle I si, et seulement si, sa fonction dérivée f' est positive sur I ». On peut simplement se contenter de retenir : passer par la définition d'un nombre dérivé (par le taux d'accroissement) et faire appel au théorème des accroissements finis. Bien sûr, au départ il te faudra bien plus de détails mais avec le temps tu apprendras à retenir uniquement le strict essentiel.

2.5. Travailler par couches successives

Le cerveau a besoin d'un temps de digestion pour assimiler les (nombreuses) nouvelles notions. L'idéal est de toujours travailler en plusieurs étapes pour laisser à la notion le temps de faire son chemin dans ton esprit. Cela suppose parfois d'accepter de mettre de côté certaines petites incompréhensions afin d'y revenir quelques jours plus tard. Je te détaille ici ma méthode de travail dite « en couches successives » ou encore que j'appelle affectueusement « en lasagnes ».

La première couche consiste à le comprendre dans sa globalité avant d'aller se perdre dans le détail des étapes. Je demande toujours à mes étudiants de prendre le temps d'observer le sommaire du chapitre à étudier pour en comprendre en premier lieu sa structure et ses objectifs. Par exemple, lorsque tu étudies les courbes paramétrées, tu dois comprendre en premier lieu que l'objectif est d'aboutir au tracé de fonctions d'une variable réelle à valeurs dans R^2. Tu dois ensuite analyser les différentes étapes qui te permettront d'arriver à cette finalité. « Je dois connaitre le plan d'étude d'une telle fonction. Je dois d'abord apprendre à déterminer l'ensemble de définition puis réduire au maximum l'ensemble d'étude. Ensuite je m'intéresserais aux variations des fonctions coordonnées et j'étudierais les tangentes et les asymptotes ».

Une fois et une fois seulement que la structure est claire, tu pourras ensuite t'intéresser aux « *comment* » ? Comment je détermine mon ensemble de définition ? Comment je restreins un ensemble d'étude ? Comment j'étudie les variations ? etc ...

Ensuite, tu dois mettre en application. Même si tu penses que tu n'es pas clair à 100% dans ton cours, c'est souvent la mise en pratique qui te permet de comprendre l'intérêt de certains théorèmes. Mais attention, tu commences simplement. Tu n'aurais pas idée d'aller descendre une piste noire si c'est ton premier jour au ski. Alors on calme son ardeur et on démarre par des applications directes. Ensuite on enchaîne sur des classiques. Quand on comprend de quoi on parle, alors on se lance sur des exercices plus musclés ou des problématiques particulières. Tu peux faire ce travail d'approfondissement le week-end si le temps en soirée ne te le permet pas. Je préconise toujours de faire moins d'exercices mais de les connaître quasiment par cœur après bien sûr les avoir compris. Tu as besoin de te construire une base de référence pour ensuite trouver des idées de résolutions pour d'autres problèmes. C'est d'ailleurs aussi l'intérêt d'apprendre par cœur certaines démonstrations clés du cours. On s'imprègne ainsi de la notion et de la manipulation des différents objets. On s'équipe en quelque sorte pour résoudre d'autres problèmes comme je te l'expliquais dans la partie précédente. C'est de cette manière que les idées te viendront lorsque tu seras confronté à un nouvel exercice.

La dernière couche consiste à construire la fiche de synthèse. Et oui, contrairement à certaines idées reçues, on n'établit pas de fiche pour commencer l'étude d'une nouvelle notion mais pour la « clore ». Cette étape de synthèse est fondamentale pour fixer les idées. Et elle ne peut se faire que si tu as compris les différentes notions du chapitre et les essentiels à connaître. C'est donc un travail de clôture (pas définitif !). Réfère toi à la partie « fiche de synthèse » pour savoir comment faire une fiche de synthèse efficace.

2.6. APPRENDRE A REFLECHIR

Réfléchir est un art. C'est l'art de se poser la bonne question au bon moment. Lorsque je ne trouve pas, je me pose des questions. Ais-je bien pris en compte toutes les hypothèses de l'énoncé et les résultats établis avant ? Cette notion intervient dans quelle partie du cours ? Dans cette partie en question, n'y a-t-il pas un théorème qui pourrait me venir en aide ? N'ai-je pas déjà résolu un exercice similaire avec des idées similaires ? N'ai-je pas perdu de vue l'objectif de la question ?

La phase d'approfondissement qui vient après la maitrise du cours et des applications de base est une phase essentielle car son rôle est précisément de développer cette réflexion. A ce stade de ton travail, tu dois en conséquence prendre le temps de réfléchir, et c'est certainement LE meilleur conseil que je puisse te donner. C'est de cette manière que tu affûteras tes armes de réflexion et que tu apprendras à croire en ton potentiel de résolution.

N'oublie pas que tu es là, en prépa, avant tout pour apprendre à réfléchir. Il perdure toujours une partie de « bachotage » mais ce qui fera la différence avec les autres c'est ta capacité à réfléchir. Et la réflexion, comme toute chose, se travaille et s'entretient. Nous avons certes tous des capacités différentes mais nous pouvons tous évoluer de notre point de départ vers une amélioration certaine. Il m'est arrivé pendant ma phase de préparation à l'agrégation de chercher durant 3 jours une solution à la question d'un problème. Quand je dis trois jours, je te rassure, ce n'est pas 3x24 heures à réfléchir en position du penseur. Non. J'y réfléchissais un certain temps puis revenais à la charge avec une nouvelle idée qui m'est venue durant la cuisson du steak légumes (oui, à cette période, c'est cuisine minimaliste, je priorise !) et encore après, avec une nouvelle idée. Il m'est arrivé à plusieurs reprises de finalement arriver à mes fins en plein milieu de mon sommeil et de me lever en urgence pour noter ma solution. C'est sûrement la preuve tangible que le cerveau continue de mûrir la réflexion en dehors du temps de travail.

Reste patient dans ce travail de longue haleine, on ne devient pas performant en trois semaines. Cela prend du temps et demande de nombreux efforts pour un résultat qui fera la différence le jour du concours.

Il faudra donc du temps. Alors reste persévérant et ne te pose pas trop de questions (Vais-je y arriver ? Ai-je les capacités suffisantes ? Pourquoi l'autre évolue plus vite que moi ?). Jamais aucun travail acharné n'a été vain. Il finira toujours par porter ses fruits, et ce tôt ou tard.

Avec le temps, tu amélioreras tes capacités de réflexion. C'est certain. Alors tu gagneras non seulement en efficacité de résolution mais aussi et surtout en confiance. La confiance en soi, il faut absolument que l'on en parle. J'y reviens plus loin.

2.7. LE CAHIER DES FAIBLESSES

Je te suggère très fortement de tenir un cahier des faiblesses. Ce cahier sera ton meilleur allié pour progresser. Tu dois y noter toutes les notions qui t'ont posées problème et que tu as fini par comprendre, toutes les formules ou théorèmes que tu as du mal à retenir, tous les points méthodologiques à connaître, les contre-exemples... Bref, tout ce qui constitue tes faiblesses et que tu pourras relire, en plus de tes fiches de synthèse, avant chaque évaluation. Il n'a ni besoin d'être ordonné, ni d'être structuré à l'excès. J'ai moi-même appliqué cette technique lors ma préparation au concours de l'agrégation et je peux t'assurer qu'il m'était impossible de m'en passer. Je te présente un extrait (authentique) de mon cahier des faiblesses que j'ai conservé jusqu'à ce jour.

Suites de fonctions	Séries de fonctions
$f_n(x) = \dfrac{1}{x+n^2}$ $x \in [0,1]$	$\sum f_n(x) = \sum \dfrac{1}{x+n^2} \leq \sum \dfrac{1}{n^2}$
$\lim\limits_{n \to +\infty} f_n(x) = 0$ (CVS)	$S_n(x) \xrightarrow[n \to +\infty]{} S(x)$ (CVS)

Conservation : Monotonie, positivité, convexité
⚠ Pas la continuité, ni la dérivabilité

$\|f_n - 0\|_\infty = \dfrac{1}{n^2} \xrightarrow[n \to +\infty]{} 0$	$\left\|\sum\limits_{k=0}^{n} f_k - \sum\limits_{k=0}^{+\infty} f_k\right\|_\infty \xrightarrow[n \to +\infty]{} 0$
donc $\|f_n - f\|_\infty \xrightarrow[n \to +\infty]{} 0$	i.e $\|S_n - S\|_\infty \xrightarrow[n \to +\infty]{} 0$
i.e $f_n(x) \xrightarrow[]{CVU} f(x)$	i.e $\|R_n\|_\infty \xrightarrow[n \to +\infty]{} 0$
	Alors CV uniforme

Conservation : continuité et dérivabilité

/////////	Convergence Normale $\sum \|f_n\|_\infty \xrightarrow[n \to +\infty]{} \ell$
Suite CVS mais non unif^t	$\sum$ CV unif^t ms pas normalement

f discontinue

Ex : $f_n : \mathbb{R} \to \mathbb{R}$
$x \mapsto f_n(x) = \dfrac{1}{1+(x-n)^2}$
$f_n(x) \xrightarrow[n \to +\infty]{} 0$ (CVS)
Pourtant $f_n(n) = 1$ donc $\sup\limits_{x \in \mathbb{R}} |f_n(x) - 0| \geq 1$

$\left\|\sum\limits_{k=n+1}^{+\infty} f_k\right\|_\infty = \dfrac{1}{n+1} \xrightarrow[n \to +\infty]{} 0$

$\sum \|f_n\|_\infty = \sum \dfrac{1}{n}$ DV

↳ CVS ≠ CV uniforme sf hyp supplémentaires : Théorème de Dini
(X-ens)

2.8. Des fiches de synthese efficaces

Comment construire une fiche de synthèse efficace ?

Ta fiche de synthèse doit être avant tout ... synthétique. Il ne s'agit pas de réécrire tout ton cours en minuscule pour qu'il tienne sur une fiche cartonnée. Tu dois au contraire en dégager les notions essentielles et surtout éviter de faire de longues phrases. Utilise plutôt un langage clair mais codé. Par exemple, le symbole flèche vers le haut pour une fonction ou pour une suite croissante. Tu ne dois surtout pas omettre d'hypothèses bien sûr mais plutôt les rendre visuelles. Utilise pour cela un code couleur, du fluo, des notations crayons, ... Mets en valeur au maximum la structure du chapitre. Fais-en sorte que ton chapitre tienne sur une seule fiche cartonnée (recto ou recto-verso). C'est pourquoi je préconise plutôt des fiches de couleur blanche (pour faire ressortir le code couleur) et de taille assez grande (pour ma part, c'est du A4) afin d'englober du regard toutes les notions. Voici un exemple de fiche sur les séries numériques pour t'aider à comprendre la construction d'une fiche efficace. Si tu ne comprends pas tous les symboles utilisés, cela n'a aucune importance car tu choisiras bien sûr tes propres symboles pour faire tes fiches. J'y ai mis les principales notions qui interviennent dans la plupart des filières mais certaines d'entre elles auront certainement de quoi l'enrichir.

Les secrets d'une classe prépa réussie

Séries Numériques $\sum u_n$

Généralités

$S_n = \sum_{k=0}^{n} u_k$ (Suite des sommes partielles)

$\sum u_n$ converge $\Leftrightarrow (S_n)$ converge

- **Méthode** : Calcul de S_n + limite
  - Calcul direct $S_n = \sum_{k=0}^{n} \left(\frac{1}{2}\right)^k = \frac{1 - \left(\frac{1}{2}\right)^{n+1}}{1 - \frac{1}{2}} = 2\left(1 - \left(\frac{1}{2}\right)^{n+1}\right) \xrightarrow[n\to+\infty]{} 2$
  - CV et $\sum_{k=0}^{+\infty} \left(\frac{1}{2}\right)^k = 2$
  - Télescopage $S_n = \sum_{k=1}^{n} \ln\left(\frac{k+1}{k}\right)$
    $= \sum_{k=1}^{n} [\ln(k+1) - \ln(k)] = \ln(n+1) \xrightarrow[n\to+\infty]{} +\infty$
  - La série diverge

- **Divergence grossière** :
  Si $(u_n) \not\to 0$ alors $\sum u_n$ DV grossièrement
  $\sum (-1)^n$ diverge grossièrement car $(-1)^n \not\to 0$

Séries de Référence

- **Série géométrique**
  $\sum q^n$ CV ssi $-1 < q < 1$ et on a $\sum_{n=0}^{+\infty} q^k = \frac{1}{1-q}$
- **Série de Riemann**
  $\sum \frac{1}{n^\alpha}$ CV ssi $\alpha > 1$
- **Série exponentielle** $\forall z \in \mathbb{C}$ $\sum_{n=0}^{+\infty} \frac{z^n}{n!} = e^z$

Séries à termes ≥ 0
  ↳ ou ≤ 0

- **Comparaison** $u_n, v_n \geq 0$
  $A\ell CR$ $u_n \leq v_n$ [ou] $u_n = o(v_n)$
  Si $\sum v_n$ CV alors $\sum u_n$ converge
  Si $\sum u_n$ DV alors $\sum v_n$ diverge
- **Équivalence** $u_n, v_n \geq 0$
  $u_n \sim v_n$ alors $\sum u_n$ et $\sum v_n$ de m̂ nature.

- **Critère de Riemann** ✱✱✱

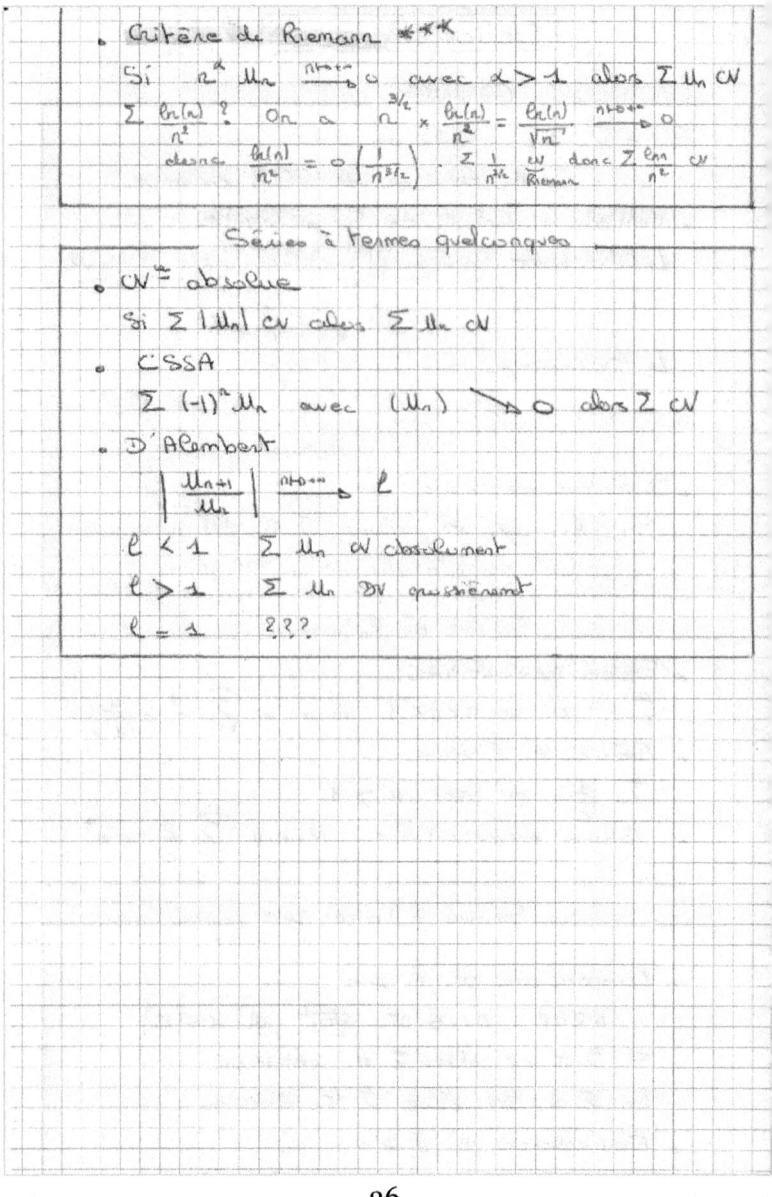

  Si $n^\alpha u_n \xrightarrow[n\to+\infty]{} 0$ avec $\alpha > 1$ alors Σu_n CV

  $\Sigma \dfrac{\ln(n)}{n^2}$? On a $n^{3/2} \times \dfrac{\ln(n)}{n^2} = \dfrac{\ln(n)}{\sqrt{n}} \xrightarrow[n\to+\infty]{} 0$

  donc $\dfrac{\ln(n)}{n^2} = o\left(\dfrac{1}{n^{3/2}}\right)$. $\Sigma \dfrac{1}{n^{3/2}}$ CV Riemann donc $\Sigma \dfrac{\ln n}{n^2}$ CV

Séries à termes quelconques

- **CV absolue**

  Si $\Sigma |u_n|$ CV alors Σu_n CV

- **CSSA**

  $\Sigma (-1)^n u_n$ avec $(u_n) \searrow 0$ alors Σ CV

- **D'Alembert**

  $\left| \dfrac{u_{n+1}}{u_n} \right| \xrightarrow[n\to+\infty]{} \ell$

  $\ell < 1$ Σu_n CV absolument

  $\ell > 1$ Σu_n DV grossièrement

  $\ell = 1$???

2.9. Le « Mind Mapping »

Pour certaines notions, j'avais pour habitude de faire un schéma plutôt que la traditionnelle fiche de synthèse. Plus tard, j'ai appris que je faisais sans le savoir ce que l'on appelle des cartes mentales (ou cartes heuristiques). C'est un concept aujourd'hui répandu dans le monde entier qui a été pensé par Aristote et développé par Tony Buzan dans les années 1970. Le concept s'appuie sur le fonctionnement naturel de notre cerveau, c'est à dire sur sa tendance à compléter les choses. Par exemple, si je te dis « sel », tu vas automatiquement penser « poivre » car le chemin qui relie ces deux informations est très fort. Le chemin neuronal fait en sorte de compléter à l'avance et d'anticiper les informations dont nous avons besoin. C'est précisément pour cette raison-là que la *mind map* est un outil très puissant pour les révisions. L'idée de créer une carte mentale est de cartographier en quelque sorte l'information. L'objectif est donc de rendre cette dernière plus graphique, plus nourrissante pour le cerveau car ce dernier aime les images.

Alors comment procéder ? Tu dois avant tout poser l'information principale au centre d'une page A4 disposée sur son format paysage. Représenter cette information avec un dessin est un vrai plus quand il t'est possible de le faire. Tu vas ensuite placer des ramifications qui partent vers les principales thématiques de cette notion. Puis tu vas ensuite enrichir chaque branche avec de nouvelles sous branches tel un arbre. L'objectif est de combiner les mots, les couleurs et les images pour permettre au cerveau de prendre une photo de cette carte. Tu te construiras ainsi des nouveaux chemins naturels, comme pour le « sel-poivre », autour de plusieurs idées.

Certains thèmes se prêtent mieux que d'autres à cette technique. A toi de faire selon ton ressenti pour choisir le meilleur mode de synthèse. Personnellement je trouve que la construction à la main sur une feuille blanche est plus efficace mais certains lui préfèreront peut-être une version « ordinateur ». Plusieurs applications existent, il te suffit de taper « mind map » ou « carte mentale » pour en trouver une.

Ne trouve-tu pas que cette technique est par exemple parfaitement adaptée au chapitre résolution d'équations différentielles ?

Les secrets d'une classe prépa réussie

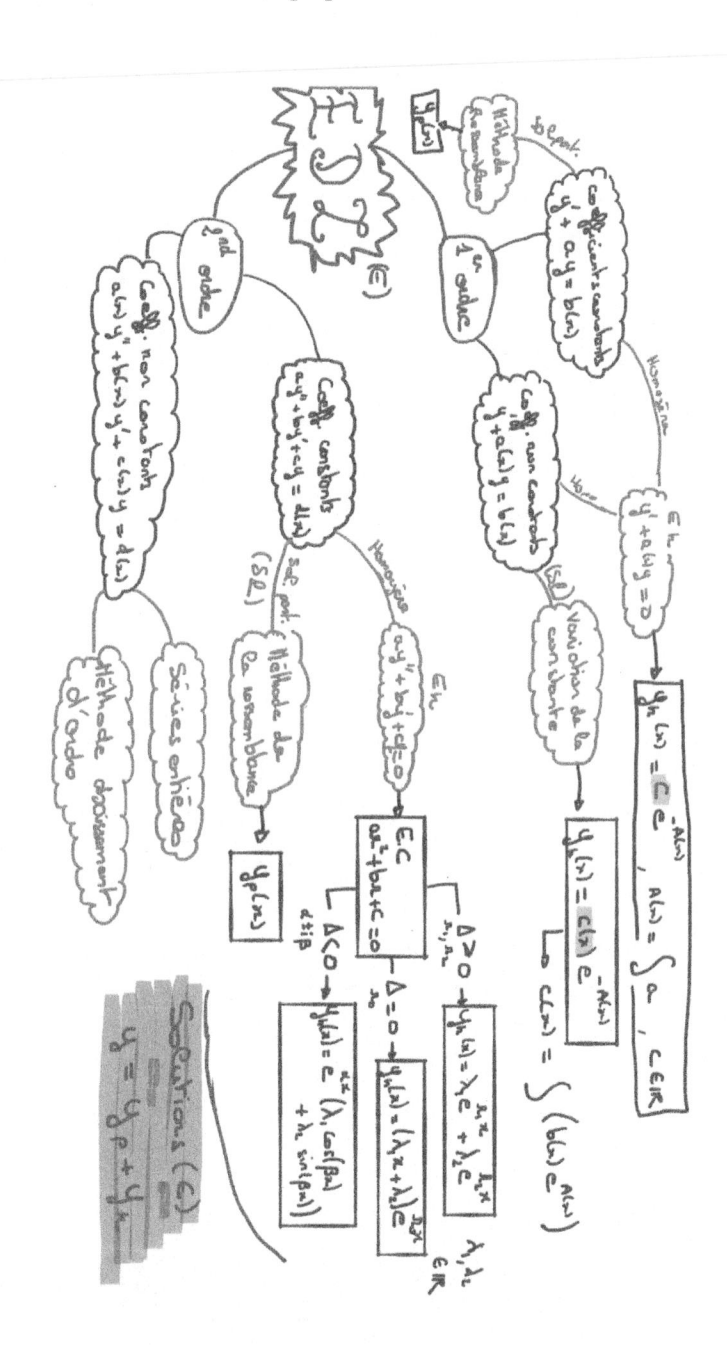

3. Mode de Travail

Je vais commencer par te lister les avantages et les inconvénients de ces deux modes de travail

3.1. Le travail seul

Les avantages.

- **Prendre une nouvelle notion en main**. Il n'est pas question de découvrir un nouveau cours à plusieurs. Cela ne te serait d'aucune utilité.
- **Développer ta puissance de réflexion**. Tu dois dans un premier temps te retrouver seul(e) face à ton problème et avec tes propres idées avant de penser à les confronter avec d'autres personnes.

- **Une flexibilité totale** qui permet d'adapter le travail à ton propre rythme et de t'organiser comme tu l'entends
- **Un confort du travail** certain que tu ne trouveras pas dans un lieu public et aucune perte de temps dans le trajet.
- **Un travail plus rapide et plus efficace.** C'est certain, seul on va plus vite mais jusqu'à quel point ?

Les inconvénients.

- Notre **motivation** est parfois rudement **mise à l'épreuve** lorsque l'on travaille toujours seul.
- Dans l'urgence, une **aide extérieure** peut être la **bienvenue** pour débloquer rapidement une incompréhension.

3.2. LE TRAVAIL EN GROUPE

Même les fourmis savent que l'union fait la force !

Les avantages.

- Le travail en groupe est avant tout un **facteur d'émulation**. Où irions-nous sans motivation ?
- **Vérifier ses propres acquis**. Expliquer à un camarade est très bénéfique également pour soi-même. Cela te permettra d'évaluer la solidité de tes propres connaissances.
- **Recevoir une aide rapidement.** Si l'explication du professeur n'a pas été comprise, celle de ton camarade te sera peut-être plus accessible.
- **Confronter les idées** dans le débat et dans l'échange permet indéniablement d'aller plus loin dans ton travail. Quel bonheur de se faire hisser vers le haut par les autres !

Les inconvénients.

- Attention à ne pas **se laisser distraire** par les autres.
- **Des rythmes de progression différents.** Les niveaux ne sont pas toujours homogènes et certains avanceront beaucoup plus vite que d'autres.
- **Perte de temps** dans le trajet.

3.3. Finalement, que choisir ?

Il n'a y pas de bon ou mauvais choix. Pour aller plus vite et plus loin, il te faut simplement alterner entre ces deux modes de travail et trouver le bon équilibre. Il vaut mieux malgré tout accentuer davantage sur le travail seul et intégrer régulièrement des moments de travail en groupe.

Concernant le travail à plusieurs, il te faut à tout prix éviter le piège de choisir tes camarades de révisions selon tes affinités. L'objectif n'est pas de prendre du bon temps mais de profiter d'une ambiance studieuse. L'idéal à mon sens est de travailler à trois ou quatre pour plus d'efficacité. Être à plus de quatre deviendrait contre-productif.

Si je devais décrire le groupe idéal, je te dirais de trouver deux ou trois personnes étant, avant toute chose, très motivées et dont le niveau est hétérogène (sans aller chercher des extrêmes). Il est évident que quelqu'un de plus aisé te tirera vers le haut mais comme je l'expliquais plus haut, il est aussi très formateur de transmettre ses propres connaissances.

4.
LA REUSSITE,
UN ETAT D'ESPRIT

> **"**
> *N'attends pas d'avoir confiance en toi pour agir, agis pour avoir confiance en toi.*

4.1. LA PROCRASTINATION

La procrastination est l'action de différer, remettre au lendemain l'exécution d'une tâche. Elle peut concerner tout le monde et toucher tous les domaines de notre vie d'étudiant, de notre vie personnelle ou professionnelle. On imagine très bien les conséquences que cela peut avoir en particulier sur la réussite scolaire lorsque la tendance à reporter les tâches nous envahit.

> *On a semé le mot demain,*
> *mais il n'a jamais poussé.*

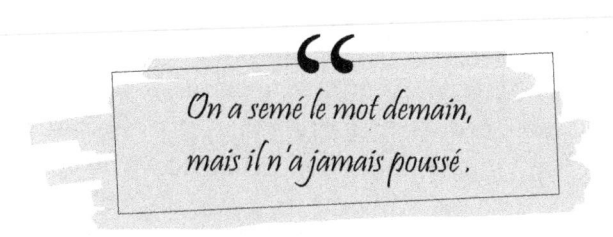

Commençons par analyser les causes de la procrastination.

Les causes.

En réalité, les causes peuvent être multiples. Pour commencer, le sentiment de peur peut être un facteur de procrastination. Que ce soit la peur de l'échec ou de la difficulté, ce sont les tâches les plus ardues ou désagréables qui nous procurent cette hantise et qui nous poussent à toujours reporter à plus tard. Nous recherchons en quelque sorte à éviter la souffrance. On imagine parfaitement ressentir cette frayeur à l'idée d'aborder par exemple une notion particulièrement complexe dans une matière où nous éprouvons déjà de grandes difficultés. Nous avons un tel sentiment d'impuissance que la tâche peut nous paraître insurmontable. La tentation de remettre à plus tard est alors la solution la plus facile pour y échapper dans le moment présent.

Parmi les nombreuses causes, nous pouvons également citer le manque de motivation. Si la tâche ne nous procure pas un bénéfice immédiat, alors nous n'en concevons plus l'intérêt. Cela est souvent lié à des objectifs mal définis. Nous finissons alors par nous laisser distraire et interrompre par une multitude de facteurs.

Enfin j'évoquerais les nombreux cas qui ont le besoin de ressentir une pression imminente pour enfin trouver la motivation d'effectuer le travail. Tu sais bien, le syndrome des révisions de dernières secondes dans la panique...

Savoir reconnaître le procrastinateur qui est en nous.

Je te propose de passer le test établi par le psychologue Piers Steel et publié en 2010. Il mesure la tendance à la procrastination.

L'échelle de notation sur 5 est la suivante : 1. très rarement vrai- 2. Rarement vrai - 3. Parfois vrai - 4. Souvent vraie - 5. Très souvent vrai

1. Je retarde des décisions jusqu'à ce qu'il soit trop tard.
2. Même après que j'ai pris une décision, je tarde avant d'agir en conséquence.

3. Je perds beaucoup de temps sur des questions peu importantes avant d'arriver à la décision finale.

4. Dans la préparation pour certaines échéances, je perds souvent du temps en faisant d'autres choses.

5. Même des tâches qui ne nécessite pas grand-chose d'autre que de s'asseoir et de les faire, ne sont souvent pas fait avant plusieurs jours.

6. Je me surprends souvent à effectuer des tâches que j'avais prévu de faire des jours avant.

7. Je dis continuellement "je vais le faire demain."

8. Je tarde généralement avant de commencer le travail que j'ai à faire.

9. Je me retrouve souvent à court de temps.

10. Je ne fais pas les choses à temps.

11. Je ne suis pas très bon pour respecter les délais.

12. Remettre les choses jusqu'à la dernière minute m'a déjà coûté de l'argent dans le passé.

Si tu as obtenu une majorité de 4 et de 5 alors tu es certainement affecté par la procrastination. Il est grand temps maintenant d'en analyser les conséquences.

Conséquences

> *En suivant le chemin qui s'appelle plus tard, nous arrivons sur la place qui s'appelle jamais.*
> Sénèque

Alors que peuvent-être les conséquences scolaires pour un procrastinateur ? Bien sûr, il risque l'accumulation de retard. Plus il reportera la tâche à effectuer, plus les tâches viendront se cumuler les unes aux autres et plus le retard sera important. Naîtra alors un fort sentiment d'impuissance dont le risque potentiel est l'abandon.

Il s'ensuivra indéniablement une baisse de l'estime de soi et de ses capacités à réussir. A cela s'ajoute le sentiment de culpabilité car le fait de ne pas effectuer une tâche ne permet de libérer le cerveau de cette obligation. Paradoxalement nous pensons donc tout le temps à la tâche que l'on ne peut pas se résoudre à effectuer. S'ensuit alors l'augmentation du stress et de l'anxiété. Le procrastinateur se laissera encore davantage tenter par les multiples distractions afin de noyer ce stress. Bref, la procrastination nuit non seulement à notre performance mais aussi à notre bien-être.

Plan d'action : Comment se débarrasser de la procrastination ?

La première étape du plan d'action consiste bien sûr à déceler la cause de cette procrastination. Elle implique donc une démarche de réflexion sur soi-même et autour de son état émotionnel. Il est également essentiel de clairement redéfinir ses objectifs, de les noter et les mettre en évidence devant soi. On se doit ensuite d'installer une nouvelle routine pour lutter contre cette tendance néfaste.

> *Nous sommes ce que nous faisons à répétition.*
> Aristote

Un point indispensable est de se fixer des délais d'exécution pour éviter de s'étaler dans le temps et de rendre la tâche interminable. Pourquoi ne pas commencer plutôt par les tâches désagréables et s'acquitter ainsi de ses obligations avant de s'autoriser à effectuer ce qu'il y a de plus simple ou plus agréable. Si la tâche s'avère trop ardue alors il faudra penser à la diviser en sous-objectifs pour mieux l'atteindre.

Pour résumer, on commence donc par lister l'ensemble des tâches à effectuer sur le temps de travail. La bonne idée pour se faire est d'établir la fameuse *to-do-list* que ce soit en version papier ou en version numérique. Il existe d'ailleurs de nombreuses applications pour cela. L'idée ensuite est d'évaluer le temps nécessaire à chacune des tâches en prévoyant un peu de temps additionnel. Il ne faut surtout pas oublier d'établir des priorités dans les différentes tâches à effectuer. On cochera alors au fur et à mesure le travail effectué, ce qui procurera un sentiment de satisfaction.

4.2. LE PRAGMATISME

Fuis le perfectionnisme à tout prix. Le perfectionnisme est l'ennemi de la progression. Le plus important dans une démonstration c'est le fil directeur, les idées clés. Je me rappelle de Mathieu, très perfectionniste, qui voulait toujours bien faire. Il lui arrivait souvent de rester bloqué sur un détail de la preuve que j'écrivais au tableau (mais comment a-t-elle trouvé cette expression en factorisant ?) pendant que je continuais de dérouler les idées pour arriver jusqu'au résultat final. Mathieu aurait dû accepter de laisser passer cette incompréhension et continuer de suivre les idées de la preuve. Il aurait dû y revenir ultérieurement.

Il y a aussi la curiosité scientifique. La curiosité scientifique est certainement l'une des plus belles qualités chez un apprenant. Elle ne te rendra malheureusement pas service dans tes années prépa. Tu dois garder l'esprit pragmatique et rester concentré sur les notions du programme à maîtriser. Tout ce qui est hors programme doit être mis momentanément de côté quand bien même cela me coûte de te prodiguer ce conseil.

4.3. TA PRIORITE

> *La réussite découle de l'obsession des objectifs que des obstacles à franchir*

Reste concentré sur ton objectif de réussite au concours. Cela implique aussi que tu doives en faire ta priorité absolue et éviter de t'éparpiller dans une multitude d'objectifs. La prépa ce n'est donc pas la période pour avoir un million de projets. A avoir trop d'objectifs, on finit par n'en atteindre aucun. Et cela restera vrai à chaque étape de ta vie. Tu dois apprendre à établir des priorités, à les atteindre puis seulement passer à d'autres projets. Sache que même les plus grands entrepreneurs ont commencé simplement. Nike© a démarré avec un seul et unique modèle de baskets (de sprint) avant de vendre à ce jour des milliers de modèles dans le monde entier. On doit donc apprendre à avancer étape par étape, priorité par priorité.

4.4. LA CONFIANCE EN SOI

> *Il y a plus de courage que de talent dans la plupart des réussites.*

Il y a globalement deux attitudes face à une question ou un problème. Il y a celui qui se dira « je n'ai aucune chance de trouver » et il y a celui qui cherchera... Le second n'est pas certain de trouver mais le premier, quant à lui, n'aura aucune chance puisqu'il ne se laissera même pas l'opportunité de chercher. Être en position de réussite c'est donc aussi et avant tout un état d'esprit. Tu dois te positionner en *winner* et croire en tes chances de réussite.

La confiance, tu as donc besoin d'en faire ton alliée. Je ne parle pas d'orgueil bien sûr mais de confiance. Il ne s'agit pas de faire comme Antoine qui répond en khôlle « En êtes-vous sûr ? » à son professeur qui vient de lui signaler une erreur de raisonnement, mais plutôt de faire comme Thomas qui ne se laisse pas déstabiliser en cas d'erreur et qui rebondit sur les indications. La confiance en soi, c'est certainement l'un des facteurs essentiels de réussite. Pas évident avec un six de moyenne me diras-tu ? C'est vrai, c'est pourquoi j'ai placé cette partie après tous les conseils donnés pour d'abord entrer dans une phase où tu augmenteras tes notes. Dès qu'il y aura une progression, l'espoir renaîtra. A ma première composition de six heures lors de ma préparation à l'agrégation, j'ai obtenu la note de 01/20. Cela faisait 10 ans que je n'avais pas fait de maths, j'avais deux enfants en bas âge, un travail à plein temps et une maison à faire tourner. Un camarade m'a dit en plaisantant « Ça te fait combien de points par heure ? ». Les statistiques de concours aussi, ne me laissaient aucune chance de réussite. Je te passe les différentes étapes. J'ai fini première au classement national. Je ne dis pas ça pour me vanter mais pour te dire que tout est possible avec de la détermination et ce, peu importe les handicaps que l'on pense avoir ou les conditions difficiles que l'on peut subir autour. Encore une fois, ce qui compte ce n'est pas le point de départ. C'est le point d'arrivée.

Un autre conseil essentiel que je te donne pour prendre davantage confiance en toi est de ne jamais te comparer aux autres. Ton seul véritable adversaire, c'est toi-même. Tu dois exploiter au maximum tes propres capacités et tu n'auras jamais les mêmes que celles du voisin. Alors apprends plutôt à te battre contre tes moments de démotivation, tes moments de doute ou de découragements, tes moments de flemme, ... Le souci de celui qui se compare aux autres, c'est qu'il trouvera toujours meilleur que soi et cela peut être très déstabilisant. Tu dois plutôt apprendre à connaître tes propres forces et faiblesses pour optimiser tes chances de réussite. J'ai vu et je vois toujours des étudiants démarrer l'année avec des notes médiocres et dépasser avec la seule force de leur détermination, de leur persévérance et de leur travail d'autres étudiants qui avaient de bien plus grandes capacités de compréhension. A l'agrégation, nous avons deux épreuves écrites de six heures et deux épreuves orales de quatre heures (trois heures de préparation et une heure de passage). Je n'ai jamais été la meilleure aux écrits, il y avait toujours des personnes plus performantes que moi à chaque écrit blanc. Mais ma vraie force était l'oral. J'en avais pleinement conscience et je l'ai exploitée jusqu'au bout. C'est mon 19,5/20 et 20/20 aux oraux de l'agrégation qui m'ont propulsés à la première place du classement national. Aux écrits, je m'en étais sortie très honorablement sans être la meilleure. A toi d'en tirer les bonnes conclusions.

5. BOOSTER SA CONCENTRATION

> *La concentration est la faculté qui crée les surhommes.*

5.1. PREPARER SA SESSION DE TRAVAIL

La première chose à faire est d'établir les tâches à réaliser en les classant par ordre de priorité. Tu dois noter l'ensemble de ces tâches en t'aidant d'une *to-do list*. Je dis bien noter. Cela permettra de libérer de l'espace dans ton esprit et d'avoir une vue globale de ce qui t'attend. Il faut par ailleurs une trace écrite de tes objectifs afin de t'engager vis-à-vis de toi-même. Tu cocheras la ligne après chaque tâche accomplie, ce qui t'apporteras la satisfaction de progresser dans tes objectifs.

Personnellement, j'effectue toujours cette étape la veille au soir, ce qui a l'avantage de me permettre de visualiser ma journée du lendemain et de l'optimiser à son maximum.

Reste réaliste lorsque tu estimes le temps pour effectuer une tâche afin de t'assurer de tenir tes engagements (tout du moins les tâches que tu as notées prioritaires). Avec l'habitude, tu apprendras à être de plus en plus précis dans cette estimation.

5.2. S'ISOLER DE TOUTES SOURCES DE DISTRACTION

Coupe toutes les notifications de ton téléphone, ferme la porte de ton espace de travail, mets en pause les alertes d'emails, ferme tes onglets inutiles ... Bref, retire toute source de distraction qui pourrait gêner ta concentration.

5.3. LA METHODE POMODORO

Littéralement, elle signifie la technique « tomate » car la méthode est basée sur les petits minuteurs de cuisine qui ont la forme d'une tomate.

Elle a été développée par Francesco Cirillo vers la fin du 20-ième siècle. Son concept est très simple :

> ✓ *Faire un bloc de travail en concentration intense pendant 25 min. (Travailler avec un minuteur)*
> ✓ *Faire une pause de 5 minutes (on s'étire, on va prendre un verre d'eau, un café, on va marcher un peu ...)*
> ✓ *Enchaîner un second bloc intense de 25 min*
> ✓ *Faire une pause de 5 minutes*
> ✓ *Etc...*

Au bout de 4 blocs de travail, on fait une pause plus conséquente de 20 à 30 minutes.

Cette méthode permet de garder une concentration toujours maximale en séquençant nos périodes de travail et en renouvelant ainsi notre attention. Le petit *break* permet ainsi d'éviter l'épuisement mental.

Il existe une application smartphone formidable du nom de « Forest » qui pourra t'aider à tenir tes objectifs. Le but de cette application est de planter des arbres pour faire une forêt. Tu choisis un temps sur lequel tu veux garder une concentration maximale (les 25 minutes de la méthode pomodoro) et l'application coupe les notifications durant cette période-là. Si, malgré tout, tu choisis de consulter ton téléphone alors tu vas tuer ta jeune pousse d'arbre. Si tu tiens jusqu'au bout, tu auras réussi à faire grandir ton arbre. L'idée est donc de faire pousser toute une forêt. Le petit plus est d'être confronter à d'autres joueurs qui auront le même objectif.

Rien ne t'empêche d'adapter la cadence en suivant tes propres capacités de concentration. Je travaille personnellement sur des blocs de 60 minutes dans mes moments de forme. Lorsque la motivation n'est pas au rendez-vous, je me contente des blocs de 25 minutes. L'important est de trouver l'échelle qui te convient.

6. EVALUATION

> *Celui qui ne se mesure pas, ne s'améliore pas.*

6.1. LES KHOLLES

Les « khôlles » ou « colles » constituent l'une des particularités des classes prépa. Ce sont des interrogations orales qui se déroulent par groupe de trois étudiants face à un professeur durant un laps de temps d'une heure. Chaque étudiant se voit attribuer une série de questions de cours et exercices auxquelles il doit répondre sur une partie du tableau.

Tu devras passer ces colles de manière hebdomadaire (environ trois heures dans des matières différentes). Tu recevras en début d'année un emploi du temps pour l'organisation de ces colles, ce que l'on appelle un colloscope.

Elles sont destinées avant tout à la préparation des oraux de concours mais elles permettent aussi de vérifier que le cours est bien appris et surtout bien compris. Il ne faut donc pas voir ces khôlles uniquement comme des moments d'évaluation, mais aussi comme des opportunités de pourvoir mettre en application ton savoir fraîchement acquis ou bien éclaircir certaines incompréhensions.

Si ton travail a été organisé correctement, ces interrogations ne devraient normalement pas te demander de révisions particulières en dehors d'une relecture attentive.

6.2. PLANNING DE REVISION

Apprendre à anticiper et à organiser tes révisions est une phase fondamentale dans ton parcours. Pour se faire, rien de plus efficace que d'établir un bon planning de révisions.

Je te détaille dans cette partie comment t'y prendre. Pour illustrer mes propos, je me mets dans le cas de la période de révisions de dernière ligne droite avant les écrits d'un concours. Tu pourras bien entendu adapter tous les conseils donnés dans le cas d'une simple évaluation.

La première étape est de faire l'inventaire de toutes les notions à connaître pour le concours ou pour ton évaluation. Tu estimes ensuite le temps dont tu disposes pour effectuer tes révisions et tu dispatches l'ensemble de ces notions sur tes créneaux de travail. N'oublie pas de prévoir une journée de repos par semaine dans les longues périodes de travail.

En phase de dernière ligne droite avant les concours, il te faut prévoir au minimum huit heures par jour voire plus selon l'exigence de ta filière. On peut dans ce cas imaginer deux blocs de travail : un bloc de 8h à 12h puis un autre de 16h à 20h. Si tu prévois plus d'heures alors pourquoi pas un premier bloc de 8h à 12h, un second de 14h à 17h puis un dernier de 20h à 23h.

J'ai maintenant plusieurs conseils à te donner pour une organisation optimale de ton planning.

Conseil 1

Accorde bien sûr plus de temps aux matières à gros coefficients. Ce qui ne signifie pas que tu dois négliger les matières secondaires ! Même à faible coefficient un 04/20 te déclassera de manière certaine. Tu peux aussi éventuellement prévoir plus de temps dans la ou les matières où tu as un peu plus de difficulté.

Conseil 2

Alterne les tâches et les difficultés afin d'éviter une routine ennuyeuse et afin de toujours garder une sensation de progression dans ton travail. Aussi, sur chaque bloc de travail, je te suggère de travailler une matière différente.

Conseil 3

Ne surestime pas ta capacité de travail et j'ajouterais même, mieux vaut la sous-estimer légèrement pour deux raisons principales. Pour commencer, il n'y a rien de plus frustrant que de se laisser distancer par son propre planning. Ce qui peut engendrer un sentiment de démotivation. Et ensuite parce qu'au cours de tes révisions, tu trouveras certainement des lacunes ou sinon des notions que tu aimerais approfondir davantage. Mieux vaut donc prévoir des temps de « remédiation » pour se laisser le temps d'y revenir.

Conseil4

Précise sur ton planning les notions à revoir et pas uniquement la matière. Par exemple, au lieu de noter maths, écris plutôt ta thématique. Par exemple séries numériques et séries entières le lundi. La veille au soir, tu précises davantage ton plan d'action pour le lendemain. Par exemple : relire cours séries numériques et séries entières + TD12 ex 4-5 et 8 + TD13 ex 1à4 + fiches de synthèse.

Conseil5

Tu t'organises un vrai temps de repos entre deux blocs de travail. Bien sûr, il y a le repas mais tu peux envisager aussi une petite sieste juste après le déjeuner. Tu sais combien le sommeil a un impact direct et démultiplicateur sur ta concentration et ton efficacité de travail. Octroie-toi également un petit moment de sport afin de t'aérer l'esprit. Tu conserveras ainsi la même qualité de travail que ce soit en matinée, en après-midi ou en soirée.

Conseil6

Prévois chaque soir un petit temps d'environ 20 minutes pour tes relectures de fiches de synthèse. Pense à créer un décalage entre le jour où tu travailles une notion et le jour où tu relis la fiche associée toujours dans l'idée de faire des *feedbacks* et d'ancrer la connaissance dans ta mémoire.

> ***Conseil7***

Il est fondamental dans les derniers jours ou la dernière semaine avant les écrits de faire des annales de concours. Des annales, des annales et encore des annales. C'est le meilleur moyen de t'imprégner des attentes d'un concours.

6.3. PENDANT L'EVALUATION

Je l'ai déjà dit à maintes reprises mais tu dois absolument arriver l'esprit reposé avant une évaluation afin de profiter pleinement de tes capacités de raisonnement. Il est donc primordial de passer une bonne nuit de sommeil la veille.

Tu ne dois pas gérer une évaluation comme tu gères un devoir maison par exemple. Le travail maison est un travail d'approfondissement et est destiné à développer ta réflexion tandis que ton objectif en évaluation est d'obtenir le plus de points possibles. De ce point de vue-là, j'ai plusieurs conseils à te donner :

Conseil1

Commence toujours ton évaluation par une lecture générale du sujet et lorsque tu abordes la lecture d'un énoncé, tu dois essayer de comprendre où il veut t'amener.

Conseil2

Choisis toujours de commencer par les notions que tu maîtrises le mieux (tu n'es pas obligé de traiter les exercices dans l'ordre donné). Le facteur psychologique est fondamental et si tu commences par un problème où tu bloques complètement, cela serait dévastateur pour la confiance en soi.

Conseil3

Tu es là pour gagner un maximum de points alors tu dois opter pour une rédaction claire mais concise. Il ne s'agit pas d'écrire un roman en évaluation de mathématiques mais simplement de donner les arguments clés qui permettent à ton correcteur de voir que tu as compris la problématique. Ne reste surtout pas 20 minutes à réfléchir sur une question, quand bien même tu te sentirais proche de la solution. Même si cela peut te paraître frustrant, tu dois apprendre à d'abord traiter tout ce que tu sais faire avant de revenir sur ce qui a pu coincer. N'écris pas tout au brouillon mais uniquement le fil directeur de ton raisonnement puis rédige directement sur ta copie.

Conseil 4

Garde toujours une copie soignée et lisible. N'écris jamais de résultats que tu sais parfaitement être faux simplement dans l'idée de remplir ta copie. Cela anéantirait ta crédibilité. Il vaut mieux traiter la moitié du sujet correctement que la totalité en n'écrivant que des absurdités.

Conseil 5

Ce conseil est d'un intérêt capital. Lorsque tu traites un problème en sciences, tu dois absolument mémoriser au fur et à mesure les résultats intermédiaires. Les questions ne sont pas toutes indépendantes les unes des autres puisqu'il s'agit d'un problème et certaines questions nécessiteront que tu t'appuies sur des résultats démontrés en amont. Ne l'oublie jamais. Si tu coinces à une question, commence par relire ce que tu as fait avant puis pose toi des questions pour tenter de débloquer la situation : ai-je bien traduit toutes mes hypothèses (en langage mathématiques) ? Qu'est-ce que je souhaite démontrer ? A quoi cela revient-il ? Quelles notions du cours pourraient m'aider ? ...

Conseil6

Ne jamais paniquer. Tu veux réussir ton évaluation ? alors commence par relativiser. Une note n'est jamais qu'une note. Elle ne représente rien à elle seule. Plus tu relativiseras l'enjeu et mieux tu réussiras. J'ai paniqué une fois, et une seule, à une évaluation en tant qu'étudiante. Ce fût ma pire note de l'année. Dans la panique les idées s'embrouillent et tu ne te laisses plus aucune chance d'y arriver. Vas-y cool ! C'est pendant tes révisions à la maison que le stress (et non la panique) peut être bénéfique à une dose équilibrée pour booster ta motivation.

Conseil7

Pense à faire des schémas. Les schémas peuvent être d'une très grande efficacité pour comprendre une problématique. En probabilité par exemple, je peux rarement m'en passer.

6.4. Gerer son stress

Que ce soit pendant l'évaluation ou en dehors, l'anxiété est un sentiment qui peut s'avérer dangereux si tu n'arrives pas à le contrôler.

La première idée pour s'en débarrasser, comme je te l'expliquais plus haut, est d'apprendre à relativiser les enjeux. Est-ce qu'une note à elle seule peut changer le cours de ta vie ? Quand bien même tu « raterais » ton année de prépa, il existe d'autres solutions pour te construire un avenir solide. Ta vie n'en serait pas gâchée pour autant et tu trouverais d'autres moyens d'atteindre tes objectifs. Plus tu apprendras à relativiser, mieux tu réussiras.

La seconde idée est de faire appel aux nombreuses techniques qui existe maintenant sur le marché (gratuites pour certaines). Il y a par exemple des applications très efficaces (d'après les dires des utilisateurs) qui pourront t'aider. La plus connue est je pense « petit bambou » qui t'apprend à méditer. Il n'y a qu'à se laisser guider par les vidéos et les exercices que l'on y trouve. Je peux également te citer « Pacifica » conçue par des psychologues et qui apprend à gérer les stress à travers des exercices audio. A toi de trouver celle qui te conviendra le mieux si jamais tu te retrouves confronter à cette problématique.

CONCLUSION

Je viens de te livrer les secrets de ma réussite pour qu'ils deviennent ceux de ton aboutissement. Je n'ai rien transmis en dehors ce que j'ai moi-même testé. Aujourd'hui encore, je m'applique ces mêmes méthodes de travail dans chaque projet que j'entreprends. Je sais, que malgré la difficulté, j'y arriverai. Il ne tient qu'à toi d'en faire de même et de t'approprier chacun de ces conseils afin de faire tomber toutes les barrières qui se dressent à toi. Ne te laisse jamais stopper par les échecs car ce sont eux qui sèmeront les graines du succès à venir. Réjouis-toi de chaque petite avancée car,

> *L'homme qui déplace une montagne, commence par déplacer de petites pierres*

Enfin, je souhaite que la plus grande force que tu puisses trouver dans ce guide soit celle de croire en toi.

L'AUTEURE

Professeure en classe CPGE, le parcours d'Hassina Ketrane est atypique. Diplômée d'un DEA en analyse et systèmes aléatoires et d'un DESS en méthodes statistiques et numériques, elle enseigne les mathématiques dans un premier temps en collège pendant près de dix ans avant de devenir agrégée en 2015.

Elle a co-écrit dans la foulée un premier ouvrage *Epreuve orale d'exemples et d'exercices* pour l'agrégation et transmet désormais avec passion son savoir-faire aux étudiants de classe prépa.

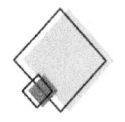

Elle anime depuis peu une chaîne YouTube *ATSmaths* où elle propose un contenu mathématique riche et divers, ainsi qu'un blog www.atsmaths.com dédié à la réussite des étudiants.

Printed in Great Britain
by Amazon